BIBLIOTHÈQUE DU MONDE ÉLÉGANT

LE BILLARD AU XIX SIÈCLE

Et son influence sur les mœurs

ÉTUDE

PAR Ed. HIRSCHLER

MARSEILLE
IMPRIMERIE SAINT-FERRÉOL
27, rue Saint-Ferréol, 27

1874

BIBLIOTHÈQUE DU MONDE ÉLÉGANT

LE BILLARD AU XIXe SIÈCLE

Et son influence sur les mœurs

ÉTUDE

PAR Ed. HIRSCHLER

MARSEILLE
IMPRIMERIE SAINT-FERRÉOL
27, rue Saint-Ferréol, 27

1874

LE BILLARD AU XIXᵉ SIÈCLE

Et son influence sur les mœurs

ETUDE

De tout temps les jeux se sont divisés en trois grandes catégories : les jeux corporels, les jeux intellectuels et les jeux de hazard.

Dans la première catégorie, tous les exercices ont pour objet de développer les forces, l'agilité, l'adresse, la grâce, etc.

Chez les anciens, tels étaient les jeux du gymnase et du cirque ; au moyen âge, les joutes et les tournois.

De nos jours nous n'en avons plus que les diminutifs ; il faut ranger également dans cette catégorie le noble jeu de billard, ou jeu de Nobles, comme on voudra !

Aussi est-il indispensable de dire à cet égard que le jeu de billard fut pendant longtemps le privilège exclusif des gens de cour et de la haute bourgeoisie, et il n'était guère de châteaux qui n'eussent une salle de billard.

D'abord qu'est que le jeu de billard ?

Nous répondrons brièvement à cette question pour donner plus loin les développements nécessaires et les termes techniques.

Le billard est un jeu qui se joue avec des billes d'ivoire, sur une table longue à rebords ou bandes rembourrées, couverte d'un tapis de drap vert.

On se sert indispensablement pour jouer à ce jeu d'une sorte de longue canne nommée *queue*, à l'aide de laquelle on touche avec force ou légèreté les billes.

Comme toutes les choses dont l'aspect est simple, il semble à première vue que rien ne soit plus facile que de jouer au billard; mais on acquiert bien vite la certitude de son incapacité lorsque l'on veut exécuter un coup dont on ne connaît pas les règles.

Le billard est essentiellement un jeu de précision.

Le commerçant qui fabrique des billards n'est pas un ouvrier, c'est un artiste.

Le philosophe, le sage, le médecin hygiéniste prescrit le jeu de billard pour se délasser.

Mieux vaut-il se distraire que s'ennuyer.

Le jeu, dans cette acception, est utile pour occuper les moments de loisirs; mieux vaut jouer que rester oisif, et s'il faut en croire la sagesse des nations qui dit que l'oisiveté est la mère de tous les vices, il est préférable de jouer au billard.

L'amateur de ce jeu prouve qu'il est intelligent. Il faut un esprit actif, une lucidité de coup d'œil, un jugement prompt et sûr pour calculer, apprécier les combinaisons et en embrasser les résultats.

L'homme vain et ignorant décrie ce jeu plutôt que de convenir qu'il n'a pas assez d'esprit pour le jouer; c'est la fable du renard et des raisins.

Ce jeu a un irrésistible attrait pour celui qui parvient à découvrir ses secrets.

Ce jeu a tant de charmes qu'il absorbe une partie de vos facultés intellectuelles.

Parfois il a le don de faire oublier momentanément les soucis et les inquiétudes passagères.

Le hasard est absolument étranger dans l'exercice de ce jeu, et l'on ne peut dire ici, en y jouant, que l'on a du bonheur ou du malheur. Rien n'est plus en évidence que la position des billes avant l'attaque du coup de queue, rien n'est plus franc, plus à découvert que la manière dont le joueur peut prendre sa bille.

Tout se voit, se prévoit, l'inconnu n'existe réellement que dans la difficulté.

Le jeu de billard est le plus amusant, le plus savant, le plus noble des jeux ; il excite et développe une digne émulation : l'adresse.

Il façonne, atténue les irrégularités des angles et des creux du corps, il en arrondit les formes : c'est l'élégance.

C'est plus un jeu intellectuel qu'un exercice matériel. C'est un jeu d'études, de calculs, de combinaisons savantes.

C'est presque une dissertation philosophique, car, chaque coup fait penser, réfléchir et raisonner.

L'œil s'exerce à un discernement prompt, l'attention est tout entière absorbée dans des tracés géométriques.

Amener des oppositions subites, des rencontres prévues, des chocs et leurs conséquences inattendues. Faire des angles, des triangles et des carrés, décrire des lignes droites, obliques et courbes.

Ces trois billes qui courent, s'arrêtent, voltigent, se heurtent, carambolent, s'évitent, et tout cela comme si elles obéissaient à un pouvoir occulte, constitue pour celui qui sait les diriger habilement : l'Art de jouer au Billard.

Ce jeu qui nécessite un exercice qui tient de la gymnastique, accomplit une des six classes de l'hygiène *les Gestu*, qui prescrit les mouvements sans efforts et sans fatigues.

L'achat d'un bon billard est une dépense qui, une fois faite, est pour toute la vie.

Bien que meuble de luxe, c'est une louable acquisition qui indique le bon goût et le bon ton, et puis il n'y a pas là imprévoyance de placement de fonds, l'objet n'est pas sujet à se détériorer comme un instrument sur lequel les changements atmosphériques ont de l'influence, ce meuble vous reste toujours avec toute sa valeur.

Un billard dans une maison particulière atteste que le propriétaire est intelligent, instruit, et que ses idées sont à la hauteur du siècle.

N'embellit-il pas votre demeure en charmant votre existence ? Voyez comme il vous retient agréablement chez vous, à la ville, à la campagne. Quelle sécurité pour votre famille de vous garder au milieu de vos parents, amis et connaissances.

Ce jeu est exempt de toutes discussions ; il n'y a jamais ni méprise, ni surprise ; sa manière de le jouer est courtoise et loyale et la fraude y étant impossible ne peut s'y glisser.

Le jeu de billard dans la bonne société n'expose à rien de contraire à la morale et aux bonnes mœurs, car on y joue le plus souvent pour l'honneur et non pour de l'argent.

Ce noble jeu bien que répandu dans toutes les classes de la société est le délassement favori des familles riches et des gens bien élevés.

C'est la récréation la plus profitable des élèves des principales maisons d'éducation.

Les règles du jeu sont simples et faciles. Mais le mouvement de la queue, la manière de jouer, de telle ou telle façon demande une étude suivie et régulière pour espérer obtenir ce qu'on nomme de la dextérité.

Aux dames donc, le piano ; leur gracieux et sympatique toucher sait faire parler cet instrument purement mécanique qui sous les doigts de la femme acquiert un charme mystérieux et retient au foyer conjugal un époux aimé. Aux hommes, le billard qui développe et démontre leurs qualités physiques et intellectuelles et sait faire admirer la noblesse de leur maintien, l'aisance de leurs gestes, la distinction de leurs formes.

Le billard n'est pas exclusivement reservé aux hommes, et les dames du monde et de la bonne société en France comme à l'étranger y trouvent du plaisir et une agréable distraction.

Leur gentillesse est relevé par la grâce et le galbe de leurs mouvements.

Disons le tout bas, la femme en jouant au billard est un objet adorable.

HUILE D'OLIVE BESSÈDE

PRIX DE VENTE AU DÉTAIL

DANS TOUTES LES VILLES DE FRANCE, PARIS EXCEPTÉ

La demi-bouteille...................... blle comprise. F. 1.60
La grande bouteille.................... » » 3.20
L'estagnon fer blanc, de 5 litres... .... » » 14.50
L'estagnon fer-blanc, de 10 litres........ » » 28 »
La caisse de 24 grandes bouteilles...... .. » » 72 »
La caisse de 6 Estagnons de 5 litres.... » » 84 »
Vinaigre blanc, la demi-bouteille........ » » 1 »

PRIX DE VENTE AU DÉTAIL DANS PARIS

La demi-bouteille...................... blle comprise F. 1.90
La grande bouteille.................... » » 3.60
L'estagnon fer-blanc, de 5 litres......... » » 16.50
L'estagnou fer-blanc, de 10 litres......... » » 32.50
La caisse de 24 grandes bouteilles........ » » 84 »
La caisse de 6 estagnons de 5 litres...... » » 96 »
Vinaigre blanc, la demi-bouteille........ » » 1 »

DÉPOTS

Dans toute la France et l'Étranger chez les principaux Commerçants en Épicerie et Comestibles, etc.

Compagnie Générale d'Alimentation Bessède Fils
9, Boulevard de la Corderie, 9
MARSEILLE

AVIS IMPORTANT — Aux personnes éloignées de la résidence des dépositaires, il sera expédié FRANCO DE PORT sur leur demande par lettre, l'un des colis désignés ci-dessus, soit : une caisse de 24 grandes bouteilles pour fr. 72, une caisse de six estagnons de 5 litres à fr. 84 et une caisse de six estagnons de 10 litres pour 162 fr.

SAVON BLANC

ÉTUVÉ, POUR LAVAGE, A L'HUILE D'OLIVE
(MARQUE BESSÈDE)

Le Savon blanc **MARQUE BESSÈDE** est de qualité essentiellement irréprochable. Bien fabriqué à l'Huile d'Olive, il
n'use pas le linge et lui laisse un parfum très agréable.

Il est reconnu infiniment préférable sous tous les rapports aux
savons bleus ou marbrés, dont le prix ne diffère pas sensiblement.

PRIX DE VENTE

DANS TOUS LES DÉPÔTS DE FRANCE

Le morceau frappé à 500 grammes............	F.	» 60
Le morceau frappé à 750 »	»	» 90
La caisse de 60 morceaux, 500 grammes.......	»	35.40
La caisse de 60 morceaux, 750 »	»	53 »
La caisse de 120 morceaux 500 »	»	70.50
La caisse de 120 morceaux 750 »	»	106 »

Franco de port et d'emballage

DÉPOTS

*Dans toute la France et l'Étranger chez les principaux
Commerçants en Épicerie et Comestibles, etc.*

Compagnie Générale d'Alimentation Bessède Fils

9, Boulevard de la Corderie, 9

MARSEILLE

AVIS IMPORTANT. — Aux personnes éloignées de la
résidence des dépositaires, il sera expédié **franco de port** sur
leur demande par lettre, l'un des deux derniers colis désignés
ci-dessus soit : une caisse de 120 morceaux 500 grammes, pour
fr. 70 50, une caisse de 120 morceaux 750 grammes à fr. 106,
ou une caisse de 225 morceaux de 750 grammes pour fr. 193.

GLANERIES ENCYCLOPÉDIQUES

Le meuble appelé *Billard* consiste en une sorte *de table* rectangulaire, longue d'environ 4 mètres, large de 2 et haute de 0 m. 80 c. à 0,98 qui est portée sur un bâti très solide, nommé pied. Le dessus de cette table présente une surface parfaitement horizontale. Il est recouvert d'un *tapis* de drap vert, bien tendu et sans couture, et entouré de quatre rebords, deux grands et deux petits que l'on appelle *bandes*, et qui lui servent d'encadrement. Enfin, dans sa forme primitive, il est percé de six trous, appelés *blouses*, qui sont placés, quatre aux quatre angles formés par la réunion des bandes, et les deux autres, au milieu de la longueur des grandes bandes.

Trois petites marques rondes, nommées *mouches* ou *points*, sont collées sur le tapis ; l'une, entre les deux blouses du milieu, et les deux autres, à une certaine distance des petites bandes ; elles sont toutes les trois sur une ligne imaginaire qui est parallèle aux grandes bandes et à une distance égale de chacune d'elles.

A droite et à gauche de la mouche collée à l'extrémité du billard où le joueur doit se placer pour commencer la partie, se trouvent, sur une ligne parallèle à la petite bande, deux autres mouches qui circonscrivent l'espace qu'il est défendu de dépasser au début de la partie.

Cet espace se nomme les *six pouces*. Le *quartier* est la partie de la table où l'on se place en commençant la la partie.

Il est limité par une ligne droite appelée *corde*, qui est tracée sur le tapis dans toute la largeur de la table, à la hauteur d'une des mouches extrêmes. Le *bas* du *billard* est l'espace compris entre cette ligne et la petite bande qui l'avoisine ; l'extrémité opposée en est le *haut*. Aujourd'hui, la plupart des *billards* n'ont plus de blouses.

Les instruments dont on se sert pour jouer sont des *billes* ou boules d'ivoire, et des espèces de bâtons, nommés *queues*, avec lesquels on pousse ou frappe les billes. Les billes doivent être parfaitement sphériques et dépourvues de *fèves*, c'est-à-dire, de taches d'un blanc mat.

Les queues ont une forme un peu conique ; elles sont munies, à leur petit bout, d'une rondelle de cuir, que l'on appelle *procédé*, et les meilleures sont faites en bois de frêne.

Jusqu'ici, il n'a été laissé trace de l'apparition du blanc que l'on fixe sur la rondelle de cuir appelé procédé. Il est bien évident que pour le joueur qui en fait usage actuellement, il a reconnu depuis longtemps quel était son efficacité et quel secours le blanc lui donnait par son action anti-glissante. Ce qui explique les manques de touche fréquents pour celui des joueurs qui oublie de frotter, ou plutôt d'enduire de blanc son procédé.

Cependant, nous croyons, qu'au début, le blanc d'Espagne a été employé à l'état sec, étant délayé préalablement avec un peu d'eau, dans une assiette et que chaque joueur venait y tremper son procédé.

Le billard dérive du jeu de boules, mais on ignore à quelle époque il a été inventé. On sait seulement qu'il était déjà assez répandu en France, et probablement ailleurs, dans la seconde moitié du seizième siècle.

L'infortunée Marie-Stuart avait, dit la chronique écossaise, une sorte de billard, avec lequel elle se récréait.

Toutefois, il ne commença à devenir à la mode que sous le règne de Louis XIV, à qui les médecins en avaient prescrit l'usage après les repas, afin de faciliter la digestion.

Dans ce temps là, Chamillard, qui était Conseiller au Parlement, dut sa fortune à sa réputation de joueur de billard.

Son talent de joueur le fit appeler à la cour, où il parvint, enfin, à devenir ministre.

Il jouait au billard, avec Louis XIV, trois fois la semaine, et savait perdre à propos : en fallait-il davantage pour qu'il arrivât aux plus hautes destinées ? Aussi leur contemporain Lafontaine, en moraliste fin et profond observateur, faisait-il dire à ces personnages, dans la fable du *Corbeau et du Renard*, « Que tout flatteur vit aux dépens de celui qui l'écoute. » Chamillard était-il pour Lafontaine celui chez lequel ce fait avait été observé, ou Chamillard mettait-il à profit l'étude faite par Lafontaine ? Dans tous les cas, le carambolage avait suppléé au génie chez l'homme d'État.

Ce qui fait dire à un quatrain épigrammatique de l'époque, en forme d'épitaphe :

> Ci-gît le fameux Chamillard,
> De son roi le protonotaire,
> Qui fut un *héros* au billard,
> Un *zéro* dans le Ministère.

Vers cette époque, un médecin juif espagnol, nommé Silva, guérit un prince du Nord, en lui prescrivant le jeu de billard comme récréation salutaire.

Jusqu'à ce jour, la médecine s'était vue impuissante pour faire admettre, comme remède, des boissons ou tisanes qui devaient être bues par le royal malade.

Le médecin juif, homme d'imagination, eut l'heureuse inspiration de composer une sorte de pommade, qu'il introduisit dans le manche de la queue dont se servait son client.

L'animation avec laquelle le joueur maniait cet instrument, explique que cet exercice, renouvellé souvent, produisit une transpiration abondante qui permit, l'absorption complète du remède dans les tissus.

Dans le principe, on poussait les billes avec une queue appelée masse au billard, qui était recourbée et très grosse à une extrémité et que l'on tenait par l'extrémité opposée.

La queue actuelle n'est devenue d'un emploi général qu'après 1789. Quant au procédé, il ne remonte pas au delà de la Restauration. Cette dernière invention a révolutionné le jeu de *Billard* en donnant le moyen de multiplier les coups et en permettant des *effets* de billes inconnus autrefois.

On raconte qu'un propriétaire, revenant de conduire lui-même sa voiture, entra dans une salle de billard et se mit à pousser les billes avec le manche de son fouet qui était garni de cuir. La bille frappée avec force par le manche garni de cuir, recula sur elle-même après avoir frappé l'autre bille et l'effet qu'elle produisit fut étrange. Bientôt les essais recommencèrent et le résultat fut le même ; à partir de cette époque les effets *rétrofuges* ou *rétrogrades* furent connus.

On a beaucoup écrit sur la manière de faire ces coups et de produire ces effets ; mais en ceci comme en tant d'autres choses, la pratique en apprend plus que les explications théoriques les mieux exposées.

Ce ne fut qu'en 1610 que le privilège de tenir billard public fut accordé à des billardiers paulmiers ; en 1766, on ne comptait à Paris que soixante-dix maîtres paumiers, dont treize tenaient des jeux de paumes et cinquante-sept des billards. Au XVIIIme siècle, la partie ordinaire se jouait en seize points et se payait « deux sous six deniers au jour, et cinq sous à la chandelle. » La règle se composait de soixante-quatorze articles, dont quelques-uns sont devenus inintelligibles tels que celui-ci : « La queue du bistoquet sera toujours permise, pourvu toutefois qu'on en joue du bout, étant défendu de jouer d'aucun des côtés de quelque instrument que ce soit, » et cet autre : « Défense de tenir les fers en jouant son coup, soit à pleines mains, avec ni entre ses doigts, à peine de perdre un point ; on ne pourra y toucher que d'un seul doigt lorsqu'on jouera de la queue. »

Des ordonnances, lois et décrets, furent souvent rendus sur cette matière et notamment les 8 novembre 1789, 28 juin 1786, 21 juillet 1791, 6 novembre 1812, 3 août 1819, 7 mars 1838.

Sous Louis-Philippe, les règlements de police exigeaient que quiconque voulait tenir un billard se munit d'une permission spéciale qui devait être annoncée par une inscription extérieure. Les règles du jeu devaient être affichées dans la salle, et, dans Paris il était défendu d'y jouer après onze heures du soir.

Ces dispositions ont été sensiblement modifiées et les billards se sont implantés partout ; il n'est si mince cabaret de village qui ne possède un billard, et, dans les villes, ils sont nombreux. A Paris, leur nombre a pris des proportions si considérables, que certains établissements publics possèdent non plus seulement un ou deux billards, mais dix, vingt, trente, qui sont constamment occupés par des amateurs de ce jeu.

Les illustrations parisiennes du jeu de billard se sont fait une réputation de joueur de première force.

L'Angleterre peut nous opposer quelques joueurs d'une rare habileté.

On cite un M. Roberts, du club de Manchester, qui gagna contre un américain une partie célèbre. L'enjeu était de 25,000 fr. et les paris s'élevèrent à plus d'un demi-million.

Les diverses manières de jouer au billard sont très nombreuses ; elles sont désignées sous le nom de parties.

Les parties que l'on joue le plus souvent en France sont : La partie ordinaire ou le même, le doublé ou doublet, le carambolage, la poule, la partie de quilles et la partie russe.

Quant aux règles qui régissent ces diverses parties, nous renvoyons les personnes désireuses de s'instruire aux traités spéciaux, que l'exiguité de notre cadre ne nous permet pas de développer.

PARTIE SCIENTIFIQUE

Le mouvement des billes de billard peut se déduire facilement des lois du choc des corps, toutes les fois que l'on peut négliger les frottements des billes sur le tapis ou les bandes; mais les effets obtenus se compliquent beaucoup quand ces frottements y jouent un rôle; les joueurs habiles savent en tirer un grand parti en frappant la bille de manière à lui imprimer, en outre de son mouvement de translation, un mouvement de rotation sur elle-même approprié à l'effet qu'ils veulent produire; on se fera une idée de l'influence de ces frottements; en considérant un jeu d'enfant qui consiste à lancer en avant un cerceau auquel on imprime en même temps un mouvement de rotation inverse sur lui-même, si le frottement du cerceau sur le sol use son mouvement de translation avant son mouvement de rotation, il revient en arrière en vertu de ce dernier mouvement.

Extrait du Dictionnaire général des Sciences,
par Privat Deschanel et Ad. Focillon.

Lorsqu'une bille en mouvement sur un billard, vient en rencontrer une autre qui était immobile, il se produit un choc; nous allons voir dans quelles directions et avec quelles vitesses, les deux billes doivent se mouvoir après le choc.

Si la première bille se meut suivant une ligne droite dirigée vers le centre de la seconde, si elle vient la prendre *en plein*, il se produira le même effet que dans le choc de deux billes égales suspendues à côté l'une de l'autre; la première bille cédera toute sa vitesse à la seconde, et restera immobile.

Mais si la première bille rencontre la seconde de côté, les choses ne se passeront plus de même. La vitesse de la première bille se décomposera en deux vitesses, dont l'une sera dirigée suivant la ligne des centres des deux billes, et l'autre suivant une ligne perpendiculaire à la précédente.

Le choc se produira en vertu de la vitesse qui aurait pour direction la normale à leurs surfaces comme si elle était seule et l'on sait que le résultat d'un pareil choc entre deux billes égales, c'est de faire passer complétement la vitesse de la première bille dans la seconde. Après le choc la première bille ne possédant plus qu'une seule vitesse dont la direction est perpendiculaire à la vitesse produite par le choc, se mouvra avec cette vitesse. La seconde obéira à la vitesse du choc. On voit que c'est la position du point par lequel la seconde bille est touchée, qui détermine les directions suivant lesquelles les deux billes se meuvent après le choc.

Supposons, en second lieu, qu'une bille qui se meut suivant une ligne vienne rencontrer une des bandes du billard. On décomposera la vitesse de cette bille en deux composantes, l'une dirigée perpendiculairement à la bande l'autre parallèle à cette bande. Le choc aura lieu de même que si la vitesse normale à la bande existait seule.

Comme cette vitesse rencontre dans la bande un point fixe, elle est détruite pendant la première partie du choc ; puis dans la seconde partie, la bille reprendra, grâce à la rencontre de l'élasticité de la bande, une vitesse égale de même direction, mais de sens contraire.

Pour trouver le mouvement que prendra la bille au moment où elle quittera la bande, il faut donc composer la vitesse parallèle à la bande qui n'a pas été modifiée avec la vitesse due à l'élasticité de la bande un instant, comprimée et l'on trouvera en définitif que la bille prendra une direction symétrique à celle qu'elle avait au début par rapport à la normale.

Nous voyons par là, que l'angle produit par la direction primitive de la bille avec la normale élevée au point de contact est égal à celui que la normale fait avec la direction définitive de la bille, principe comparable à celui de la réflexion des rayons lumineux en physique énoncé comme suit : *L'angle d'incidence est égal à l'angle de réflexion.*

Extrait du Traité de Mécanique, par Ch. Delaunay.
Démonstration simplifiée par A. P.

PRINCIPAUX DÉPOSITAIRES

DE L'HUILE D'OLIVE BESSÈDE

MM.

Agen	FRICOUT, confiseur, rue Garonne, 23.
Arcis-sur-Aube	VULCAIN-LÉAULT, épicier-confiseur.
Aurillac	LATHELIZE fils, f. de biscuits, r. de la Bride
Auch	Léon DESPIAU, négociant en épicerie.
Arcachon	PORTE, épicerie, boulevard de la Plage.
Ancenis	E. HARILLER fils, 4, rue de Mirelles.
Argentan	A. HAMELET, négociant,
Ambert	ARTAUD-POINTAD, épicier.
Annecy	J. ENCRENAZ, rue de l'Evéché.
Avignou	F. CAVAILLON, comest., r. du Vieux-Sextier.
Bar-le-Duc	Jean VIGNERES, négociant
Bar-sur-Aube	BINOUX-LAURENT, confiseur-distillateur.
Bastia	ORENGO-VINCENT, bazar gastronomique.
Besançon	ROY-DUPRÉ, Grand'Rue, 30.
Bordeaux	J. LIAUT, épicerie, 39, Galeries Bordelaises,
»	HERTZOG, allées de Tourny.
Blaye	F. FAURE, épicerie.
Béziers	V. ANDRIEU, mercerie, place St-Félix.
Baugé	BUEKMAN, négociant en épicerie.
Bailleul	DEBERDT-VITU, négociant en épicerie,
Bayonne	E. ALVAREZ-PEREYRE, r. Ste-Catherine, 3.
Condé-sur-Noir	ROGER-ESNOULT, négociant en épicerie.
Condom	BOUSQUET, denrées coloniales.
Coutances	H. DE ST-JEAN, épicerie.
Chaumont	ROBERT-DECOURCELLE, négoc. en épicerie et dépositaire d'eaux minérales.
Cosne	DAMIEN-GARNAULT, épicerie.
Compiègne	VÉRON-MICHEL, épicerie.
Clermond-Fer.	ANDRIEU-MOULIN, rue Tour-Monnaie, 14.
Coulommiers	VANNIER, denrées coloniales.
Dax	Mlle LIMONAIRE, épic. rue Saint-Vincent.
Eauze	A. MONLONG, négociant en épicerie.
Fontainebleau	A. VAUSSEL, épicerie, 82, rue de France.
Guingamp	DUMONT-HÉLARY, comestibles.
Guéret	FOURNY-HAYRAUD et PERTUZE, négociants.
Gaillac	Jules DURMAN, négociant en épicerie.
La Mastre	TREUTAZ, négociant en épicerie.
Lons-le-Sauln.	ROUSSIN aîné, comestibles.
Le Puy	OLAGNIER, confiseur.
Lyon	GIRIN, comestibles, r. de l'Hôtel-de-Ville.
Lavaur	L. DARLES, négociant en épicerie.
Lille	DELBECQ, épicier, rue la Gare, 3.
Marseille	40 dépositaires.
Moulins	ROUZIER père, objets d'art.
Millau	CADAILLAC, droguiste.
Montpellier	CHAUFFOURNIER, épic. en face les Halles.

de

L'HUILE D'OLIVE BESSÈDE

MM.

Montbrison ...	H. CLAVELLOUX, négoc,
Mortagne	A. DESCHANDELLIERS,
Montreuil-s/-M	BRUTEL-LEMOINE, épic.
Mâcon	PARISOT, ért. de Paris,
Mantes	HUAN, nég. en épicerie
Montauban ..	F. BENECH, comestibles
Nîmes	SAUSSE-CAPEAU, com.
Nevers........	A. VALLIÈRE, épicerie,
Orléans	PAGES-DEBRINAY, nég.
Oloron-Ste-M.	X. BIOY, nég. en épic.
Pamiers	COMBES, nég. en épic.
Poitiers......	ROY-RENARD,
Pouilly-s/-Loire	Vᵉ GROSLIER, négociant
Pont-l'Evêque	H. DASNIÈRES, négoc.
Redon........	Mme BOUSSOUMIER,
Rennes.......	DELHAYE et COURANT.
Roanne	GOUTTENOIRE, négoc.
Rouen	Marius GILLET,
Sancoins......	VACHER-RABY, épicerie
Sarlat	FRACHET, négociant,
Saint-Etienne	CHAZAL et GRANETIAS.
Senlis........	BONTEMPS-LEMAIRE
St-Valéry-en-C.	A. BLANQUET, comest.
Tonnay-Char.	ALLEMAND, épic. merc.
Thiers	FAYET-LACHAL, épic.
Toulouse......	PENAVAYRE, mercerie,
Tulle	G. GOUTTE, négociant.
Vervins.......	MARTIN-LEBLANC, épic.
Vouziers......	E. FAILLE-MISSET.
Vitry-le-Franç.	A. MIELLE, fils.
Vire	A. BOUQUET, négociant
Voiron	Gustave JACQUEMET.
Vesoul.......	Mlle BRIDAN, épicerie,
Vichy........	E. CAMP, épicerie.

150 DÉPOTSITAIRES A PARIS

Disséminés proportionnellement dans les principaux quartiers de la ville.

Lausanne.......	VESSAS, A., négociant, épicerie.
Neuchâtel	CALAME, F., négociant, comestibles.
Vevey.........	RUHARD, A., épiceries fines.